游遍中国

中国地图出版社◎编著

西北地区和青藏地区

中国地图出版社

·北京·

图书在版编目（CIP）数据

游遍中国 ：西北地区和青藏地区 ／ 中国地图出版社
编著 ． —— 北京 ：中国地图出版社，2024.11
ISBN 978-7-5204-3942-8

Ⅰ．①游… Ⅱ．①中… Ⅲ．①地理－中国－通俗读物
Ⅳ．① K92-49

中国国家版本馆 CIP 数据核字（2024）第 009435 号

YOU BIAN ZHONGGUO：XIBEI DIQU HE QINGZANG DIQU
游遍中国：西北地区和青藏地区

出版发行	中国地图出版社	邮政编码	100054
社　　址	北京市西城区白纸坊西街 3 号	网　　址	www.sinomaps.com
电　　话	010-83490076　　83495213	经　　销	新华书店
印　　刷	保定市铭泰达印刷有限公司	印　　张	7
成品规格	165mm×225mm		
版　　次	2024 年 11 月第 1 版	印　　次	2024 年 11 月河北第 1 次印刷
定　　价	29.80 元		
书　　号	ISBN 978-7-5204-3942-8		
审 图 号	GS 京（2024）0316 号		

本书中国国界线系按照中国地图出版社 1989 年出版的 1：400 万《中华人民共和国地形图》绘制
如有印装质量问题，请与我社发行公司联系调换

编　　著：中国地图出版社
策　　划：孙　水
责任编辑：杜金璐
封面设计：封超男
图片提供：视觉中国

图　例

★北京	首都	------	特别行政区界
⊙乌鲁木齐	省级行政中心		河流
○嘉峪关	城镇		运河
——未定	国界		湖泊
------	地区界		海岸线
+++++	军事分界线、停火线		时令河　时令湖
....	省级界		沙漠

目　录

概览西北

内蒙古自治区

甘肃省

新疆维吾尔自治区

青藏概览

西藏自治区

青海省

概览西北

① 西北概况

云海苍茫的巍峨天山，
麦浪起伏的宁夏平原，
平沙无垠的腾格里沙漠，
黄花绿草的金银滩草原……

⊕ 深居内陆，气候干旱

西北地区主要包括内蒙古自治区、新疆维吾尔自治区、宁夏回族自治区的大部分区域，以及甘肃省的西北部。

∧ 美丽的西北地区

西北地区地广人稀，在这片广袤的土地上，生活的人口约占全国总人口的 4%。此外，西北地区也是中国少数民族聚居地区之一，主要有蒙古族、回族、维吾尔族、哈萨克族等。

在中国四大地理区域中，当说到西北地区时就会让人想到"干旱"，这是为什么呢？

因为西北地区位于昆仑山脉—阿尔金山脉—祁连山脉和长城以北，大兴安岭以西，深居内陆，来自海洋的水汽难以到达，所以这里气候干旱，很多地方的年降水量不足 400 毫米，是我国干旱、半干旱地区。

位于新疆吐鲁番盆地的托克逊是我国年降水量最少的地方，这里的年降水量仅有几毫米，比南方地区一天的降水量还要少，是中国名副其实的"干极"。

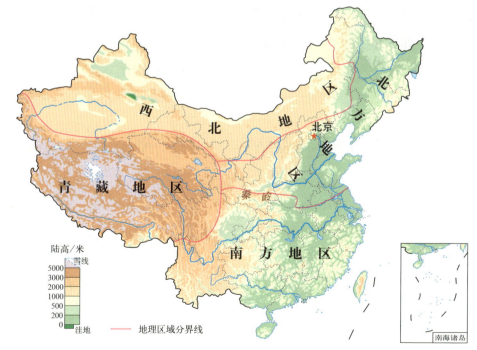

陆高/米

5000
3000
2000
1000
500
200
0

雪线

洼地

—— 地理区域分界线

▲ 中国四大地理区域分布图

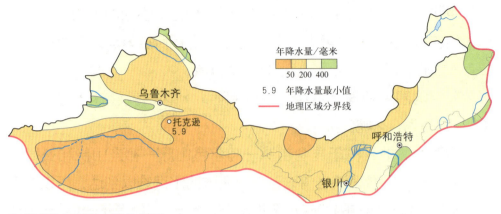

年降水量/毫米

50 200 400

5.9　年降水量最小值
　　　地理区域分界线

▲ 西北地区年降水量分布图

✛ 奇特的地貌

我国地势西高东低，呈三级阶梯状分布，西北地区主要位于第二级阶梯上。西北地区东西跨度长，远远望去，大西北犹如一个字母"V"，优雅地躺在大兴安岭和帕米尔高原之间。

在这个大"V"上，有我国最大的盆地——塔里木盆地，我国最长

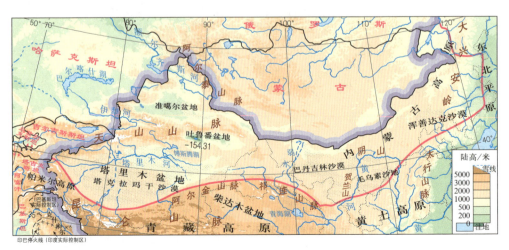

▲ 西北地区地形图

的内流河——塔里木河，我国最大的沙漠——塔克拉玛干沙漠，我国最大的草原——呼伦贝尔草原……

西北地区山脉众多，有昆仑山脉、阿尔金山脉、祁连山脉、大兴安岭等，这些山脉很有默契地一字排开，把西北地区与北方地区、青藏地区划分开来。

⊕ 地大物博

西北地区地广人稀，经济发展水平较东部存在一定的差距，但经济发展的潜力却非常大。这里的矿产资源十分丰富，煤炭、石油、天

△ 火焰山，意为"红山"，位于吐鲁番盆地中北部。因裸露的岩石中含红棕色的三氧化二铁，山体呈现红色，故名。

然气的储量和产量均居全国前列，有色金属和稀有金属的储量也十分可观。

西气东输工程、陇海—兰新铁路的建设，西部大开发战略和"一带一路"倡议都为西部的经济发展打开了新通道。西北地区的发展也翻开了一个新的篇章。

独特的自然环境造就了西北地区的雄浑壮美。如果你到西北地区来旅行，可以骑着马在大草原上体验飞奔的感觉，可以骑着骆驼在鸣沙山感受大漠风情，可以到火焰山感受别样的炽热……西北地区每年都吸引着大量的游客前来旅游。"杏花烟雨江南"是一种美景，"白马秋风塞上"也是一种风情。你有机会一定要去大西北感受一番不一样的自然美景和人文风情！

② 草与沙的世界

这里有一望无际的草原，
也有绵延千里的沙漠，
这里是草原与沙漠的世界。

⊕ 从草原到荒漠的递变

说到西北风光，你脑海中浮现的是怎样的景象？

有人说是塞外草原，风吹草低见牛羊；也有人说是西北大漠，漫天黄沙和无垠戈壁。其实，西北地区的地表景观自东向西大致呈草原—荒漠草原—荒漠的递变规律。西北地区的地表景观为什么会存在这样的变化呢？

西 ←———————————→ 东

▲ 西北地区的地表景观在东西方向上的变化

西北地区东西跨度大，在中纬度地区，距离海洋越远的地方，降水量也就越少。这里距海较远，加上山脉在西北地区的东部和南部筑起了一道道"围墙"，使海洋的湿润气流难以进入，从而形成典型的温带大陆性气候，降水量从东向西递减，西北地区的地表景观从东向西也出现了从草原到荒漠的变化。例如内蒙古高原东部年降水量在200～400毫米，而新疆很多地方的年降水量还不到50毫米。干旱的气候使得草原和沙漠成了西北地区地表的"主角"。

⊕ 昼夜温差悬殊

西北地区光照充足，昼夜温差大。如果夏季去西北地区旅行，人们不仅要带上防晒用品，还要带上几件稍厚一点儿的衣服。比如：在夏天，新疆白天的气温很高，但是到了晚上，气温却很低。"早穿棉袄午穿纱，围着火炉吃西瓜"这句话形象地描述了新疆的昼夜温差之大。

西北地区除了昼夜温差大之外，气温年较差也比同纬度其他地区大。西北地区夏季降水少，地表以沙漠、戈壁为主，气温较高；而冬季，西北地区离寒冷的冬季风源地近，气温也就比较低。

⊕ 以内流河为主

在干旱、半干旱的气候条件下，西北地区的河流又有怎样的特点呢？

由于西北地区气候干旱，这里的河流水量较小，流程短，大部分河流会消失在沙漠之中，或注入内陆湖泊，不能流入海洋，这些河流我们称其为内流河。

与东部季风区不同，西北地区的河流水源主要来自高山冰雪融水。夏季气温高，高山上的冰川和积雪融化后汇集成河，河流的水量较大，水位较高，流程较长；冬季气温低，高山上的冰川和积雪不再融化，河流流量小，流程也就变短，甚至断流。

西北地区的河流大部分是内流河，但也有外流河，如额尔齐斯河。

额尔齐斯河发源于阿尔泰山脉，自南向北流，汇入鄂毕河，最终注入北冰洋，成为我国唯一注入北冰洋的河流。

△ 额尔齐斯河

　　水是生命之源。在干旱的西北地区，水显得格外珍贵，在有水的地方便形成了西北大漠中的点点绿意，谱写出了属于西北地区的农业华章。

③ 畜牧业和灌溉农业

天苍苍，野茫茫，
风吹草低牛羊壮。
日炎炎，水漾漾，
山高水长瓜果香。

⊕ 风吹草低牛羊壮

内蒙古高原地表平坦开阔，大部分地区属于温带大陆性气候，年降水量在 200～400 毫米，草原广布。远远望去，大草原犹如一张宽阔无比的绿地毯。

这里丰富的草地资源为畜牧业的发展提供了良好的条件。在呼伦贝尔，你会看见三河牛、三河马在草原上悠闲地散步；在锡林浩特，你会看见乌珠穆沁羊和乌珠穆沁马在阳光下徜徉；在鄂尔多斯，你会看见毛茸茸的三北羊，

⚠ 内蒙古高原位置示意图

在蒙古包旁吃着青草；在内蒙古高原西部，你还会看见很多骆驼在干旱的荒漠草原成群结队惬意地晒着太阳。

在这片广袤的草原上世世代代生活着的蒙古族人，他们逐水而居、逐草而牧，善于骑射，被人们称为"马背上的民族"。

⊕ 山地牧场四季转

如果说内蒙古高原上的人们逐水草而居，那么，新疆牧区的牧民们则是追逐着山地的草场，转场放牧。

新疆的地形很独特，山脉与盆地相间排列，俗称"三山夹两盆"。这些山地的海拔较高，山顶多有冰川和积雪，在气温较高时会融化成水，水顺势而下，流到盆地边缘形成绿洲。

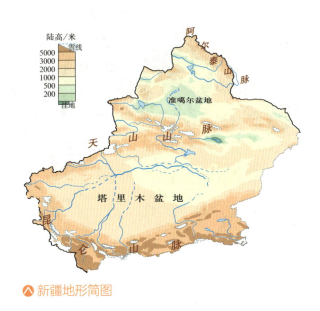

△ 新疆地形简图

由于山地气温随海拔升高而降低，这里的草场分布也随着季节和海拔的不同，存在垂直分带。哪里的草场丰茂，牧民就赶着牛羊前往哪里。

　　牧民转场有一定的时间、顺序和路线。春季，天气转暖，草场日渐茂盛，牧民开始向山坡上转场；夏季，在海拔 2000～3000 米的山地，气候凉爽，水草丰美，牧民便开始在高山草甸放牧；秋季，天气变冷，海拔高的地方开始下雪，牧民便赶着牛羊向山下转移，这被人们形象地称为"秋天雪赶羊"；冬季，牧民又会拖家带口，赶着牛羊回到山麓地带，因为这里气温较高，地面没有被雪覆盖，所以人们又称其为"冬窝子"。

　　新疆的山地牧民一年四季都很忙，他们赶着牛羊逐水草而居，从山下到山上，又从山上到山下，年复一年，形成新疆一道流动的风景线。

🔺 新疆转场放牧示意图

⊕ 山高水长灌溉忙

　　西北地区光照充足，昼夜温差大，为农业生产提供了有利条件。但是由于降水量少，耕地依靠灌溉才能发展种植业，因此这里能够用来发展种植业的土地十分有限。有河水、高山冰雪融水和地下水灌溉的地区是灌溉农业主要分布的地方。

黄河沿岸的宁夏平原和河套平原土壤肥沃、水源充足，是种植小麦、玉米等农作物的理想之地，被誉为"塞上江南"。

在黄河以西、祁连山脉北部山麓，有一条生机勃勃的走廊——河西走廊，借助山地的冰雪融水和地下水，这里也种植了小麦、玉米、高粱等农作物。

在新疆高山山麓，绿洲点缀在沙漠周围，这里夏季昼夜温差大，

🔺 新疆鄯善县多年坚持植树防沙，让沙漠变成了绿洲。

日照充足，丰沛的山地冰雪融水和地下水使这里的种植业得以发展，而当地所产的瓜果也享誉全国。

⬆ 新疆所产的瓜果

专题1
舌尖上的西北

　　一方水土养一方人。西北地区地广人稀，民风淳朴，其饮食文化也具有浓郁的地方特色。从食材上看，西北地区主要以牛羊肉为主，同时，面食的比重也比较大；从分量上看，西北地区的食物份大量足，符合西北人民豪爽与粗犷的性格特点。

　　西北地区的美食非常多，如手抓饭、大盘鸡、兰州牛肉面、烤全羊等。此外，这里的枸杞酒、白葡萄酒等也驰誉一方。

手抓饭

　　手抓饭，维吾尔语称其为"坡罗"，做法是先用油炒洋葱、黄萝卜丝（其他地区一般用胡萝卜代替）、羊肉块等，然后放入淘净的大米加水焖蒸。这种有菜、有肉、有饭一锅出的美食，不仅有营养，还能增强人的食欲。

大盘鸡

　　大盘鸡是新疆的名菜，主要用鸡块和土豆块炒炖而成，搭配"皮带面"食用。大盘鸡色彩鲜艳，有爽滑麻辣的鸡肉和软糯甜润的土豆，辣中有香，粗中带细，是亲朋聚会的必备佳肴。

兰州牛肉面

　　兰州牛肉面讲究"一清、二白、三红、四绿、五黄"。汤底是用传统的方法精心熬制的牛肉汤。面条的种类较多，从面条的粗细来分，有大宽、二宽、毛细等。制作时，只要把面放进大锅中煮熟，再浇上熬好的牛肉汤，撒上蒜苗和香菜就完成了。

烤全羊

烤全羊是蒙古族传统名菜。经过精心烤制的全羊外焦里嫩，皮脆肉滑，吃起来肥而不腻，酥脆味美。

内蒙古奶茶

内蒙古奶茶是蒙古族传统的热饮料，由砖茶煮水再加鲜奶熬制而成。人们在喝奶茶时通常要加少许盐，还可以加黄油、炒米和奶制品一起食用。其有暖胃、解渴、充饥、助消化的功效。

内蒙古自治区

④ 内蒙古大草原

一望无垠的大草原上，
还流传着成吉思汗的英雄事迹，
那达慕大会让草原成为欢乐的海洋……

✛ 呼伦贝尔草原

内蒙古高原地形平坦开阔，在温带大陆性气候的影响下，地表生长着茂盛的绿草，看起来就像一张巨大的绿地毯。每到夏季，这里碧绿如画，一望无际，牛羊成群，草地上呈现一派生机勃勃的美丽景象。

▲ 美丽的呼伦贝尔草原

呼伦贝尔草原位于内蒙古高原的东北部，与内蒙古高原其他地区相比，这里距离海洋较近，降水较多，水草丰茂，是世界著名的草原。草原上河流纵横交错，湖泊星罗棋布，构成了一幅旖旎的草原画卷。

夏季的呼伦贝尔，气候凉爽，空气清新，绿草如茵，牛羊成群，是避暑度假的胜地；冬季的呼伦贝尔，银装素裹，千里冰封，北国风光美不胜收。

⊕ 一代天骄

"成吉思汗"是一个尊号，成吉思汗原名铁木真，大蒙古国建立者，是杰出的军事家、政治家。

成吉思汗一生戎马，他统一了蒙古高原各部，结束了各部纷争战乱的局面，是蒙古族人民心目中的英雄。

⊕ 那达慕大会

如果你要去内蒙古大草原，最好选择夏季前往，那时你可以赶上一年一度的那达慕大会。

那达慕有"娱乐、游戏"的意思。每年的七月

⚠ 成吉思汗雕像

至八月，正是草长牲口壮的季节，这时草原上的人们就会举行盛大的那达慕大会。

那达慕大会是蒙古族的传统节日，历史悠久。在那达慕大会举办前夕，草原上的男女老少都穿上民族特色服装，或乘车，或骑马，从四面八方云集而来，有的是来参加比赛的，有的是来感受节日气氛的。人们搭建起蒙古包，围绕着篝火尽情地唱歌、跳舞。

⚑ 那达慕大会现场

那达慕大会开始了，草原变成了"运动场"，最激动人心的就要数蒙古族的"铁人三项"——摔跤、赛马、射箭。

摔跤是蒙古族人们特别喜爱的一项体育活动，因其有独特的服装、规则和方法，所以也叫蒙古式摔跤。摔跤手要身着摔跤服"昭德格"。其坎肩多用香牛皮或鹿皮、驼皮制作，皮坎肩上有镶包，亦称泡钉，以铜或银制作，便于对方抓紧。比赛时，摔跤手可互捉对方肩膀，也可互相搂腰，还可以钻入对方的腋下进攻，踝以上的任何部位着地即被判输。

赛马也是那达慕大会上重要的活动之一。比赛时，号角一响，骑手们便飞身上鞍，扬鞭策马，一时红巾飞舞，如万箭齐发。最先到达终点者，便成为比赛的冠军，成为草原上最受人赞誉的健儿。

　　射箭是那达慕大会最早的活动之一，比赛分近射、远射、骑射三种。技艺高超者，可百发百中，赢得观众们的热烈喝彩。

　　激动人心的摔跤、惊心动魄的赛马、令人热血澎湃的射箭、引人入胜的歌舞……那达慕大会将安静辽阔的草原，营造成了一片欢乐的海洋。

⑤ 包头：草原钢城

曾经有鹿出没的地方，
在时代的潮流中摇身一变，
成为草原上的钢铁城市。

⊕ 有鹿的地方

包头是内蒙古自治区下辖的一座城市，是蒙古语"包克图"的谐音，意为"有鹿的地方"，因而包头又有"鹿城"之称。相传，这里很久以前是一片水草丰茂之地，流水淙淙，树木成林，鹿群出没，花香

▲ 包头城市标志

鸟语，因此也就有了这样一个诗意的名字。

包头的地理位置比较特殊，处于北方游牧文明与中原农耕文明的过渡地带。一些来自中原的农民到这里安家落户，开垦土地，种植庄稼，建成了一个小村子，这就是包头村。草原上的牲畜，大青山的药材，中原的粮食，各地商人云集而来，市场慢慢地壮大起来，小村子也就慢慢地发展成了繁华的城镇。

✛ 有矿的地方

随着时间的推移，包头逐渐崭露头角，一跃而起，成为草原上的钢铁城市。那么，是什么造就了这里的工业传奇呢？

包头的发展得益于其北面大青山里的一座神奇的山头，它的名字叫白云鄂博。历史上，白云鄂博一直是北方少数民族的游牧草原。谁也未曾想到在这片广袤的草原上竟蕴藏着丰富的矿产资源。

1927年，中国地质学家丁道衡来到白云鄂博进行科学考察，意外发现这里蕴藏着铁矿资源，而且储量极其丰富，从此，草原神山的神秘面纱被揭开了。

1935年，中国著名矿物学家何作霖也来到了白云鄂博，经过研究，他发现这里的铁矿石富含稀土元素。经过进一步勘探，人们发现这里的稀土储量极其可观。自此，白云鄂博名声大噪，也为包头成为钢铁城市提供了丰富的资源保障。

✛ 有钢的城市

中华人民共和国成立后，中国开始大力发展钢铁工业。包头附近拥有丰富的铁矿和煤矿资源，因此建立了我国首批钢铁企业之一的包头钢铁集团。而后，包头开始大力发展钢铁工业，并迅速成为中国北方的一个重要钢铁工业中心。于是，包头便有了今天这个响当当的名字——草原钢城。

⋀ 草原钢城——包头

蒙古包：可以移动的房子

　　你有没有这样一个梦想：能有一座房子，人去哪里，就可以把房子带到哪里。其实，早在几千年前，居住在内蒙古大草原上的牧民们就已经将这个梦想变为了现实。他们的传统民居就是可以移动的房子——蒙古包。

　　辽阔的草原是蒙古族人们自由放牧的大舞台，蓝天白云之下点缀的蒙古包是他们的家。蒙古包，是游牧民族特有的文化标志，它伴随着蒙古族人们走过了漫长的岁月。

△ 蒙古族游牧区的风景

蒙古包外观呈圆形，顶为圆锥形，这种构造的好处是风雪来临时，包顶不积雪，大雨冲刷时，包顶不存水，而圆形的结构还可以抵御风暴的袭击。围墙的形状则是圆柱形，四周侧壁分成数块，每块高160厘米左右，用条木编围砌盖。包门很小，朝南或朝东南，有利于采光，并且可以阻挡冬天呼啸的北风进入室内。

　　蒙古包搭好后，人们就开始进行包内装饰。地上铺上厚厚的地毯，四周侧壁上挂有装饰画。现代的一些家具、电器也进入了蒙古包，人们在蒙古包里生活得十分舒畅。

　　蒙古包各部分之间的连接非常精巧。蒙古包的架木包括陶脑（天窗）、乌尼（椽子）、哈那（围壁）和门。陶脑主要起通风、采光、排

🔺 蒙古包

烟等作用，由于位于蒙古包的最中心，而且高度最高，装饰也最为华丽。乌尼是一种长长的木杆，粗细长短最好一样，上端插在陶脑里，下端穿缀有绳环，用来与下部的哈那固定。哈那外形美观，具有伸缩性和巨大的支撑力，它均匀地承受了乌尼传来的重力，是蒙古包的基座。

　　蒙古包结构简单，搭拆方便，且美观实用，满足了草原牧民们逐水草而居的游牧生活的需要。

甘肃省

6 河西走廊

一条沟通东部与西部的通道，

一条连接古代与现代的桥梁，

一条神奇而伟大的走廊。

⊕ 地理的通道

在中国的 34 个省级行政区域中，有一个连接东西的重要省份——

∧ 河西走廊位置示意图

甘肃省。甘肃省形状狭长，在它细长的"腰部"有一条狭长的通道，因其特殊的位置和悠久的文化，成为中国历史上重要的地理通道——河西走廊。

这条通道东起乌鞘岭，西到玉门关，南侧是连绵的祁连山脉，北侧是内蒙古高原的西部边缘，东西长约1000千米，南北宽数千米至100多千米。因为这里地处黄河以西，形状像一条长长的走廊，于是人们形象地称它为河西走廊。

这么独特的"走廊"是如何形成的呢？

这是因为数亿年前的一次地壳剧变，亚欧板块受印度洋板块的撞击，慢慢隆起，形成了地球上最高的高原——青藏高原。与此同时，也造就了青藏高原边缘的祁连山脉。在祁连山脉的北侧，这条咽喉般的狭长"走廊"便应运而生了。

河西走廊的气候是十分干旱的，许多地方年降水量只有50~200毫米。在这么干旱的气候下，河西走廊是如何孕育出悠久的历史的呢？

其实，这一部分要归功于祁连山脉。祁连山脉由几条平行山脉组成，山、谷相间，绵延1000千米，平均海拔4000米以上。高耸的山顶上储存着大量的冰川和积雪。冰川和积雪为河西走廊的人们提供了繁衍生息所需的弥足珍贵的水源。

祁连山脉的冰川和积雪是流经河西走廊的疏勒河、黑河和石羊河等的主要水源。这些水源孜孜不倦地哺育着河西走廊，在山麓地带形成了富饶的绿洲和草原。

河流挟带泥沙在出山口形成了冲积扇。这些冲积扇靠近出山口的地方是由一片片光秃秃的砾石形成的戈壁滩，无法发展农业，但在河流中下游却沉积着相对肥沃的土壤，加上光照充足，小麦、玉米、瓜果在这

▶ 河西走廊内的冲积扇

里得以种植。河西走廊内的许多城镇也都是在这些绿洲上建立起来的。

✛ 文明的桥梁

　　河西走廊独特的地理位置，使得这里自古至今都扮演着桥梁的角色。这里是著名的丝绸之路的必经之地，也是古代兵家的必争之地。

　　公元前121年春天，汉朝名将霍去病率领1万骑兵，从陇西出发，在皋兰山（今甘肃省合黎山附近）脚下和匈奴骑兵交战，越过焉支山（今甘肃省永昌县西、山丹县东南）追击匈奴500多千米。同年夏天，霍去病率几万骑兵，长途奔袭，一直打到祁连山麓，大获全胜，给匈奴以沉重的打击。随后，为巩固边疆，汉武帝在河西地区设置武威、酒泉、张掖、敦煌四郡（史称"河西四郡"），移民10万来此定居农垦。这不仅解除了匈奴对汉王朝西部的威胁，还保障了中原和西域交往的道路的畅通。

　　历史上，很多文人墨客也曾在这里泼墨挥毫。"大漠孤烟直，长河落日圆"让河西走廊的大漠风光跃然纸上；"葡萄美酒夜光杯，欲饮琵

古代丝绸之路沿线遗址分布示意图

图例：
○ 城镇　　← 古代丝绸之路线路图　　● 古代丝绸之路沿线遗址

琵马上催"将古代将士们豪放、旷达的情怀显露无遗；"劝君更尽一杯酒，西出阳关无故人"写出了河西走廊上多少悲欢离合的故事。

河西走廊，是一条沟通东部与西部的通道，也是一座连接古代与现代的桥梁，东、西方文明在这里交汇，金戈铁马在这里上演，商旅从这里穿过，这里注定成为中国地理上的重要坐标。

行走在河西走廊上的骆驼队

7 天下雄关 嘉峪关

巍巍祁连山脉，

险峻马鬃山，

铸就了天下第一雄关。

⊕ 军事要塞

如果说河西走廊是古代丝绸之路的重要通道，那么嘉峪关则是这条通道上的重要关隘。

雄伟的万里长城如一条巨龙，翻越千山万岭，最终到达了河西走

︿ 嘉峪关位置示意图

廊的嘉峪关。嘉峪关是统治者在明洪武五年（1372 年）修建的一座面向西域茫茫戈壁、背向遥远中原的关隘。

　　嘉峪关关城位于嘉峪关市西 5000 米处最狭窄的山谷中部，城关两侧的城墙横穿沙漠戈壁，为河西第一隘口，也是明代长城千余座关隘中最雄险的一座。

✛ 精巧的关城

在嘉峪关的城楼上，有一块砖被人们称为定城砖。为什么这里要放一块砖呢？

关于这块定城砖的故事，历来说法不一，其中一个说法是正德元年（1506年），民间有一位修关工匠名叫易开占，他对建筑算式很精通。需要修建的建筑，他稍加计算，便能够知道需要用多少工和多少料，十分精准。

当时，修建嘉峪关的负责人请易开占来计算修建嘉峪关关城所需要的城砖数。易开占拿过图纸，再经过详细勘察和计算后说："修建嘉峪关关城，需要用到九十九万九千九百九十九块砖。"

负责监工的人居心叵测，便刁难易开占："如数给砖，由你指挥使用，要是多出一块或少一块砖，定斩不饶。"

易开占自信地说："大人放心，绝对不会错。"

等嘉峪关关城修建好后，还剩下一块砖，易开占将它放置在西瓮城门楼的后檐台上。负责监工的人发现后，就想借此对易开占进行惩罚。结果易开占说这块砖是专门制作的定城砖，如果将砖取掉，城楼就会倾塌。

负责监工的人一听也不敢再追究。因此那块砖便在原地一直放着，没有人再搬动过。

嘉峪关关城布局合理，建筑精巧，由内城、外城、城壕三道防线呈重叠并守之势，壁垒森严，并与长城连为一体，形成五里一燧、十里一墩、三十里一堡、一百里一城的军事防御体系。

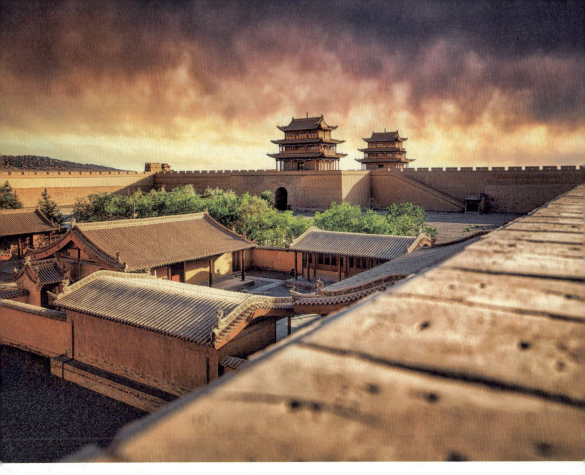

🔺 夕阳下的嘉峪关

⊕ 文 明 的 拐 点

　　自清朝乾隆二十三年（1758 年）后，嘉峪关的戍边防守功能发生了很大的变化，它逐渐成为一处"哨所"，负责检查"关外"车马，其职能类似于现在的"海关"。

　　从丝绸之路的要冲，到明长城的关隘，再到清政府的哨所，嘉峪关见证了中国历史的风云变迁，也对历史的进程产生过重大的影响。如今，历经岁月洗礼，这里依旧大漠孤烟，却再没有战火硝烟。

8 敦煌莫高窟

一处荒凉的崖壁，
历经千年的雕琢和刻画，
留下历史的沧桑与繁华。

⊕ 文化艺术宝库

沿着古代丝绸之路，来到河西走廊的西端，赫赫有名的鸣沙山格外醒目。在山的东麓，远远可以望见崖壁上布满了许多洞窟。这里就是敦煌莫高窟，它还有一个更形象的名字——千佛洞。

⚠ 莫高窟风光

莫高窟现尚存有壁画和雕塑作品的共492窟。洞窟内，总计有4.5万多平方米的壁画，3000余身彩塑像，是世界上现存规模最大、内容最丰富的佛教艺术圣地。

　　莫高窟从始建以来，距今已有一千六百多年的历史了。相传366年，有一个叫乐僔的僧人，游历四方，传经诵道，当他路经此地，忽然看见山壁上金光闪耀，宛如佛祖现世，于是他便在岩壁上开凿了第一个洞窟。随后历经北魏、隋、唐、北宋、西夏等不断扩大修建，元代以后，莫高窟渐渐衰败而被废弃。

⊕ 第 96 号窟

　　走进莫高窟，墙壁上那些精美绝伦的壁画便映入了眼帘，有千奇百怪的佛像画，有惟妙惟肖的故事画，有栩栩如生的动物画，还有美丽的山水画等。欣赏这些精美的壁画时，人们好像走进了一个奇妙的

▲ 洞窟中的壁画

▲ 敦煌莫高窟第 96 号窟

时空隧道，佛教故事的传诵、西域人们的日常生活、丝路商旅的艰辛都仿佛历历在目。

　　整个莫高窟几乎都是沿着山势在山壁上开凿的，唯独在北面有一栋九层楼的建筑，显得有些突兀。它是莫高窟的标志性建筑，编号为第 96 号的洞窟。第 96 号窟是莫高窟最高大的建筑，它依山崖而建，气势恢宏。在窟内有一尊弥勒大佛，高 30 多米，为石胎泥塑，表面绘有色彩，人称"北大像"。这尊弥勒佛像背山而坐，两腿下垂，双目俯视，体形饱满圆润，气度庄重神圣，给人以高大威严的感觉。

　　巍峨的建筑，高大的佛像，无不彰显着莫高窟曾经盛世的繁华。

⊕ 保护莫高窟

在佛教盛行的朝代，莫高窟得到修缮和扩建。但随着佛教地位的下降，以及古丝绸之路的衰落，莫高窟也逐渐淡出人们的视野。直到清朝光绪二十六年（1900 年），一位叫王圆箓的道士，误打误撞闯进了一座石窟，莫高窟才又开始出现在世人的视野中。然而，这却给莫高窟带来了一场浩劫。直到中华人民共和国成立后，莫高窟的保护工作才得以实施。1961 年，莫高窟被列为国家级文物保护单位；1987 年，莫高窟被联合国教科文组织列入《世界遗产名录》。

莫高窟是中华文化的瑰宝，经历过修建时的辉煌，也经历过人祸的损毁。作为新时代的中国人，我们更应该珍视文物，保护莫高窟，愿这片瑰丽的石窟，在大家的保护下焕发出新的光彩。

新疆维吾尔自治区

9 这就是伊犁

这里有美丽的山地草原，

有成群结队的羊群，

还有漫山遍野的杏花……

这里是"塞外江南"——伊犁！

得天独厚的伊犁

伊犁位于新疆西部，这里深居内陆，远离海洋，却有美丽的那拉提草原和大片的杏花。高大的天山山脉在伊犁有一个朝西的"喇叭口"，来自遥远的大西洋的水汽，穿过山口与河谷，最后受地形影响被迫抬升，形成地形雨。新疆很多地区年降水量不足100毫米，但伊犁的年降水量却有200~350毫米，在迎风坡甚至可以达到600~800毫米。充足的水汽以及伊犁既深且窄的河谷地形，容易形成谷底寒冷、山坡温暖的"逆温现象"。因此，这里草木繁盛，物产丰富，被称为"塞外江南"。

美丽的伊犁

高大的天山山脉有着丰富的冰雪融水，冰雪融水在山脉中形成河流奔腾而下，最终汇聚成了伊犁河。伊犁河曲折迂回，河道两旁风景优美，像是一幅立体山水画卷。河水流经之处，有高山峡谷和密布的丛林，有辽阔草原和成群的牛羊，也有屋舍人家和飘香的麦浪。

在伊犁如诗如画的景色中，草原是它最亮丽的一抹色彩。这里有被称为"人体草原"的喀拉峻草原，在海拔 2000～3600 米的夷平面上舒展着动人的身姿；这里有被称为"绿色谷地"的那拉提草原，交错的河道、平展的河谷、高峻的山峰和茂密的森林在此交相辉映。

伊犁的草原是依山而立、层次分明的。顺着山脚向上爬就会看见荒漠草原、典型草原、高山草甸，呈现出层次感极强的垂直景观带。

⌃ 被称为"人体草原"的喀拉峻草原。

✛ 富饶的伊犁

　　伊犁草原呈现出的垂直景观带不仅形成了独特的美景，也给当地的人们带来了一种特殊的生产方式——转场牧业。

　　春秋季，牧民在海拔较低的山坡放牧；夏季，牧民往高山上迁移；秋天过后，牧民往海拔更低的河谷平原转场。这种逐水草而居的游牧生活，世世代代，延续至今。

　　如今，在伊犁不仅可以见到这种古老而传统的盛大转场场景，还能看到其"创新"的一面——当地的牧民在一些特殊情况下，如暴雪阻挡了转场牧道，会选择用火车来搭载羊群转场。虽然羊群有机会享受"坐火车"的特殊待遇，但是大多数时候，牧民们都是赶着羊群，越过溪流、跨过公路进行转场。

　▲ 伊犁地区的锦绣田园

此外，伊犁河谷虽然四周雪山绵延，但是谷底的海拔较低，加之光照充足，气候湿润，因此灌溉农业得以发展。这里成为一座"塞外粮仓"，小麦、玉米、甜菜、棉花等是这里的主要农作物。

　　这就是伊犁，天山柔情造就的塞外江南。

⑩ 准噶尔盆地

雅丹地貌随处寻，
克拉玛依石油多，
万古荒原焕生机。

⊕ 古尔班通古特沙漠

喜马拉雅造山运动造就了世界上最高的高原——青藏高原，也造就了新疆"三山夹两盆"的地表格局。准噶尔盆地由于距海较远，加上高大山脉的阻隔，这里的降水很少，地表沙漠、戈壁广布。

古尔班通古特沙漠位于准噶尔盆地中部，是我国第二大沙漠。与其他沙漠不同的是，古尔班通古特沙漠是一片固定、半固定的沙漠。半固定沙漠内，沙丘是流动的，植物很难生长；而固定沙漠则不同，虽然地表的景观是沙漠，但是由于固定的沙丘不会流动，植被也就容易存活下来。

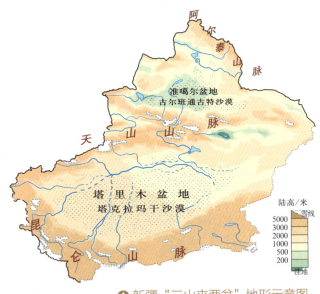

▲ 新疆"三山夹两盆"地形示意图

△ 准噶尔盆地的沙漠公路，公路两侧的沙丘上广泛分布着白梭梭、梭梭、蛇麻黄等植物。

古尔班通古特沙漠的植被覆盖率比较高，固定沙丘上的植被覆盖率超过了 40%，半固定沙丘上的植被覆盖率也有 20% 左右。红柳、苦艾蒿、沙枣、大黄、胡杨等植物在这里找到了生存的空间。在这些区域还能看到成群的牛羊在吃草呢。

在古尔班通古特沙漠的南部边缘，还可以看见一片湖泊——东道海子。这片湖泊由天山山脉的冰雪融水汇聚而成，东道海子也因此被誉为古尔班通古特沙漠中的"罗布泊"。

⊕ "魔鬼城"

准噶尔盆地内，分布着许多的"魔鬼城"。其实这些"魔鬼城"是一种奇特的雅丹地貌景观。

什么是雅丹地貌？"雅丹"取自维吾尔语，意思是"陡壁的小丘"。雅丹地貌是指河湖相土状堆积物所组成的地面，经风化作用、间歇性流水冲刷和风蚀作用，形成与盛行风向平行、相间排列的风蚀土墩和风蚀洼地（沟槽）的地貌组合。在雅丹地貌区，风就好像一把锯子，日夜不停地来回锯着地表，形成各式各样的土丘。

　　乌尔禾风城就是准噶尔盆地内著名的"魔鬼城"。如果你到"魔鬼城"去游览的话，远观和近看会有两种不同的感受。

　　当你远观乌尔禾风城的时候，会被大自然的鬼斧神工所折服；而当你置身其中的时候，每当大风呼啸而至，飞沙走石，黄沙蔽日，这里便会发出令人毛骨悚然的声音，尤其是在晚上，听到这些声音让人顿生恐怖之感，所以它便有了"魔鬼城"这个名字。

⋀ 雅丹地貌景观

▲ 乌尔禾风城，又名"魔鬼城"。

⊕ 克拉玛依油田的发现

克拉玛依位于准噶尔盆地的西北边缘，在发现石油之前，这里是一个不出名的小镇。随着石油资源的开发，这里成为我国重要的石油、石化产业基地，这里生产的石油源源不断地输送到全国多个城市。

克拉玛依油田的发现，据说和一个叫赛里木的老人有关。

据说 20 世纪 50 年代初期的一天，赛里木赶着马车在戈壁滩中砍柴，他在茫茫戈壁中意外发现了一个山丘。当赛里木走到山丘旁休息时，发现山丘上冒出许多黑色的液体。他的一块粗布不小心掉到了黑色液体上，捡起来后，他便在车轮子上擦了几下，谁知道车轮的咯吱咯吱声减少了，车子跑起来也轻快多了。赛里木便装了一些黑色液体回来，乡亲们觉得好奇，便一传十、十传百地传开了。很快赛里木发现黑色液体的消息就传到了当时正在寻找石油的勘探者那里。经过赛里木的指引，勘探者很快就找到了那个冒着黑色液体的山丘，克拉玛

△ 克拉玛依油田

依丰富的石油资源就此被世人知晓。

准噶尔盆地的油气资源十分丰富，勘探潜力巨大。在西部大开发战略的号召下，准噶尔盆地这个曾经的万古荒原，已然成为一片开发的热土。

11 塔里木盆地：干旱的宝地

这里有中国最大的沙漠，

这里有中国最丰富的油气资源，

这里被誉为干旱的宝地。

⊕ 干旱的盆地

从卫星影像图上看，在中国的西北地区有一个形状像眼睛的地方，这里就是我国最大的内陆盆地——塔里木盆地。

︿ 卫星影像图上的塔里木盆地

　　塔里木盆地面积约 53 万平方千米，是中国四大盆地之首。从东端的罗布泊出发，顺时针方向绕着盆地边缘走一圈，我们依次会看到阿尔金山脉、昆仑山脉、帕米尔高原和天山山脉。塔里木盆地犹如一个巨大的脸盆，四周都是海拔 4000 米以上的高原和山地，盆地内的海拔却很低，只有 800~1300 米。

　　虽然塔里木盆地的形状像一个大脸盆，但是这个脸盆内装的却不是水，而是大量的沙漠和戈壁。由于身处大陆内部，以及四周高大山脉的阻挡，来自海洋的湿润气流难以进入，这里的年平均降水量不足 100 毫米。由于降水稀少，气候干旱，塔里木盆地内形成了中国最大的沙漠——塔克拉玛干沙漠。

　　塔克拉玛干沙漠是我国最大的沙漠，也是世界第二大流动性沙漠。与固定、半固定的古尔班通古特沙漠相比，这里的环境要恶劣很多——狂风四起，飞沙走石，沙丘也跟着移动。正是这种移动，使这里的植物比固定沙漠里的要少得多。极少数可以在这种恶劣环境下生存的植物，叶子往往呈针尖状，根系异常发达，根系的长度超过地面

▲ 塔里木河，是中国最长的内流河。

部分的几十倍乃至上百倍。只有如此，它们才能在这片干旱的环境下吸收足够的水分，不至于被风沙一起"卷走"。因此，塔克拉玛干沙漠被人们称为"死亡之海"。

　　这是不是意味着塔里木盆地内没有人类生活的痕迹呢？当然不是。虽然塔里木盆地中间是浩瀚的戈壁滩、茫茫的大沙漠，但是在盆地的边缘却星星点点分布着许多绿洲，那里又是另一幅生机勃勃的景象。

　　为什么沙漠边缘有那么多的绿洲呢？如果你仔细看本节最开始的那幅塔里木盆地的卫星影像图，就能发现在塔里木盆地的周围有许多白色的区域，这些区域就是高山上的冰川和积雪。当气温升高时，一些冰雪便会融化，水顺着地势流向盆地，在盆地边缘就形成了绿洲。正是因为有这些冰雪融水的滋润，在干旱的塔里木盆地边缘才能形成这么多绿洲，这些绿洲才能为当地人的生产和生活提供保障。

　　塔里木河是塔里木盆地内最长的河流，也是我国最长的内流河，全长 2137 千米。它由发源于天山山脉和喀喇昆仑山脉的河流交汇而成，从塔里木盆地西北端顺着塔克拉玛干沙漠北缘，一路向东流。很早以前，塔里木河的河水可以到达盆地东端的罗布泊。但到了近现代，由于气候变化，加上人类活动的影响，塔里木河的河水变少了，河流也变短了。

⊕ 有"宝藏"的盆地

和田位于塔里木盆地的西南端，在昆仑山脉的北麓。说起和田，很多人首先想到的就是和田玉。和田玉品质优良，有着悠久的开采历史。温润明洁的脂玉、晶莹黑亮的墨玉、色如翡翠的翠玉等都是雕琢玉器的名贵材料。

除了闻名天下的美玉，和田的大枣、西瓜、石榴等也十分有名。因为这里降水很少，光照充足且昼夜温差大，有利于瓜果糖分的积累，这里的和田大枣和西瓜等都非常甜。此外，这里产的核桃皮薄肉厚，是核桃界的上品。

⋀ 和田玉坠

⋀ 和田大枣

塔里木盆地被人们称为"干旱的宝地"，除了和田玉、香甜可口的瓜果、质地优良的新疆棉等，盆地内还蕴藏着丰富的石油和天然气资源。

从 20 世纪 50 年代开始，人们就在塔里木盆地勘探油气资源。目前已探明油气资源总量约为 160 亿吨油当量。其中，石油和天然气分别约占全国油、气资源蕴藏量的 1/6 和 1/4。

由于我国西部地区地广人稀，油气资源的消费市场比较小，为了将这些油气资源输送到资源紧缺的东部地区，国家建设了"西气东输"工程。

通过长长的管道，西部的天然气被源源不断地输送到东部地区，为东部人们的生产和生活提供了能源支持。这不仅带动了东、西部地区经济的共同发展，也促进了沿线地区的能源消费结构调整，给当地的环境保护带来有利的影响。

专题3
罗布泊：楼兰的兴衰

如果说塔里木盆地是一只"大眼睛"，那么在这只"眼睛"的东面则有一只"大耳朵"，这只"大耳朵"就是罗布泊。

早在1972年，人们利用卫星给地球做全身"扫描"时，就发现了在中国西北地区有一个形似耳朵的地方——罗布泊。这里碎石四散、丘陵起伏、荒漠广布，有科学家将罗布泊的卫星照片和火星的卫星照片放在一起，很多人认为它们是同一个地方，由此可见罗布泊自然环境的恶劣。

如此荒凉之地，为什么以"泊"来命名呢？其实，在两千多年前，罗布泊还是一片水草丰美之地。由于罗布泊位于塔里木盆地的最低处，

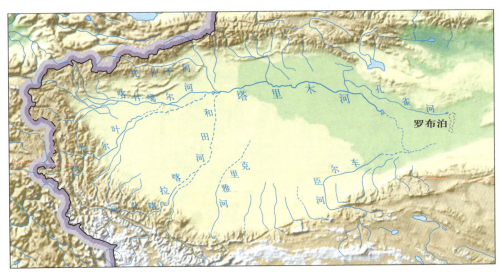

▲ 罗布泊位置示意图。罗布泊呈葫芦形，历史上面积曾达5350平方千米，湖面海拔768米，于1972年完全干涸。

孔雀河、车尔臣河、塔里木河等河流在这里汇聚成湖。如此看来，罗布泊并非浪得虚名，只是沧海桑田，曾经水草丰美的地方如今变成了干旱的荒漠。

罗布泊的消失不是突然发生的，那些原本流向罗布泊的河流的下游逐渐断流，在这个过程中，罗布泊的湖水不断消退，在湖边留下了一条条新的湖岸线。湖岸线不断收缩，由大到小，直至湖心，那个形似大耳朵的罗布泊便形成了。

公元前176年，罗布泊的西侧有一个古城繁盛起来——那就是楼兰。借助丰富的水源，依托其位于丝绸之路上的优越地理位置，楼兰曾盛极一时。但630年，楼兰突然消失，掩盖在历史的尘埃中，湮没在厚厚的黄沙下。楼兰为什么会神秘消失呢？

有科学家认为，由于青藏高原的隆起，罗布泊的气候越来越干旱。也有科学家认为，不合理的人类活动导致塔里木盆地内河流的泥沙增多，河道淤积，河水再也无法流向低洼的罗布泊。也许正是这些自然和人为因素使得罗布泊的水源减少，才导致楼兰渐渐被沙丘湮没。

▲ 楼兰故城遗址，往日的繁华不再，只留下断壁残垣。

青藏概览

⑫ 高寒的青藏地区

这里，是无数人向往的人间净土，世人追寻的心灵天堂。

在这里，你可以登上地球之巅，体会手可摘星辰的快乐。

这里就是青藏地区！

⊕ 青藏地区的位置和范围

打开中国地形图，我们就会发现在我国西南部有一大片深色区域，这片深色区域形似一条"鲸鱼"：祁连山脉—横断山脉就像"鲸鱼"胖乎乎的头，青海湖恰似"鲸鱼"的眼睛，而它的尾巴则顺着昆仑山

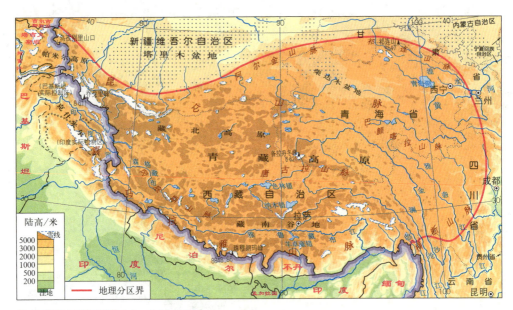

▲ 青藏地区地形图（1∶2300万）

脉的方向翘着。

　　青藏地区与其他三大地理区域的界线大致是沿昆仑山脉—阿尔金山脉—祁连山脉—横断山脉一线。实际上青藏地区并不仅仅包括青海省和西藏自治区，还包括四川省西部、甘肃省部分区域和新疆维吾尔自治区部分区域。青藏地区地广人稀，面积约占全国陆地面积的27%，区域人口不足全国总人口的1%。

⊕ 世界屋脊

　　青藏地区的主体是被称为"世界屋脊"的青藏高原。青藏高原到底有多高呢？很多人都登过泰山，当站在泰山顶上俯瞰齐鲁大地时，就会有一种"会当凌绝顶，一览众山小"的巅峰之感。泰山主峰玉皇顶海拔为1500多米，而青藏高原平均海拔则超过4000米。

　　在地理学上，按海拔的高低将山地大致分为低山、中山、高山和极高山。我国的绝大部分高山和极高山都集中分布在青藏地区，如昆仑山脉、唐古拉山脉、祁连山脉、喜马拉雅山脉等。

山地类型	海拔范围（单位：米）	举例
低山	500～1000	黄石山等
中山	1000～3500	庐山、泰山等
高山	3500～5000	阿尔金山脉等
极高山	>5000	天山山脉、昆仑山脉、喜马拉雅山脉等

⊕ 高的"烦恼与幸福"

　　青藏地区海拔高，给人们带来了不少的"烦恼与幸福"。第一个"烦恼"就是寒冷，即使在夏季最热的时候，来到青藏地区的人

△ 青藏高原上冰雪覆盖的山峰

们也要带好羽绒服，否则很可能被冻感冒。为什么海拔越高反而越冷呢？

　　当太阳照射到地球上时，大气吸收部分能量，另一部分能量则被地面吸收了。地面吸收能量后，会将部分热量释放出来，近地面大气主要、直接的热源为地面辐射，即"大地暖大气"。海拔越高，空气距离地面就越远，大气吸收地面热量的能力就越差，所以随着海拔的升高，气温就会降低。科学家经过测量得出，在近地面，海拔每升高100米，气温下降约0.6℃，这也是"高处不胜寒"的原因。所以，夏天在青藏地区基本看不到空调和电风扇，晚上睡觉也要盖着被子。因此，这里是我国夏季平均气温最低的地方。

第二个"烦恼"就是初来青藏地区的人不宜剧烈运动。这是因为青藏地区海拔高，空气稀薄，氧气的含量也比低海拔地区少很多，如果初来青藏地区的人进行剧烈运动会导致供氧不足，产生强烈的"高原反应"。

其实，高海拔也有很多"幸福"。在这里可以看到很多绝美的风景，如蓝天、白云、雪山和冰川。尤其在夜晚，青藏地区因为海拔高，空气稀薄，空气洁净尘埃少，加上云量少，城镇光污染少，所以这里是观测星空的好去处。

⌃ 青藏高原上的星空美景

⑬ 三级阶梯和三大自然区

是谁把中国地势塑造成西高东低的三级阶梯状？
是谁把本应该是沙漠的江南变为了水乡？

⊕ 三级阶梯

中国现在的地理格局是怎么形成的呢？要回答这个问题还需要从青藏高原的形成说起。

距今2亿多年前，青藏高原曾是一片汪洋大海。后来，由于南边的印度洋板块向北漂移，最终与亚欧板块相撞，大海逐渐消失变成了陆地。直到距今二三百万年前，由于强烈的造山运动，青藏高原大幅度隆起，才逐步形成现在的"世界屋脊"。

青藏高原的隆起，形成了我国地势西高东低、呈三级阶梯状分布的特点，类似一个倾斜的"三层大蛋糕"。如果说青藏高原是我国"地形大蛋糕"的最高层，那么这一层蛋糕上还插着哪些"蜡烛"呢？这些"蜡烛"就是高原上的山脉，如喜马拉雅山脉、兴都库什山、喀喇昆仑山脉、昆仑山脉、阿尔金山脉、祁连山脉、横断山脉、冈底斯山脉、念青唐古拉山脉、唐古拉山脉等。

云贵高原、内蒙古高原和黄土高原等是我国"地形大蛋糕"的第二层。通过中国地势三级阶梯分布图不难发现，"第二层蛋糕"的海拔为1000~2000米。除了有较高的高原外，还有一些凹陷的盆地，如西北的塔里木盆地和准噶尔盆地，西南部的四川盆地。这些盆地周围

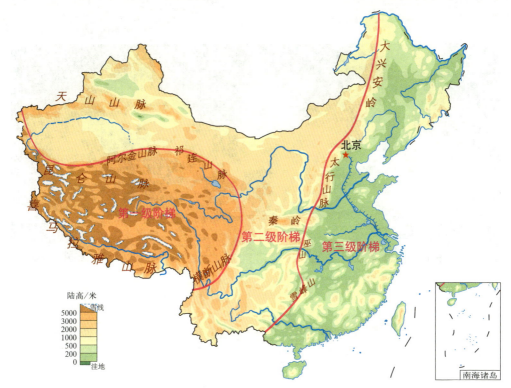

△ 中国地势三级阶梯分布图

都是隆起的高山。

　　而在大兴安岭—太行山脉—巫山—雪峰山一线以东，这些区域海拔普遍低于 500 米。这就是我国"地形大蛋糕"的底层。在这层蛋糕上有我国的三大平原（东北平原、华北平原和长江中下游平原），还有我国的三大丘陵（辽东丘陵、山东丘陵和东南丘陵）。

✥ 三六自然区

　　北回归线经过了我国的云南、广西、广东、台湾 4 个省级行政区域，这些区域常常被称为"回归沙漠带上的绿洲"。为什么这样说呢？

　　根据全球行星风系的规律，北回归线到北纬 30°附近地区是由下沉气流为主的副热带高气压带控制的。随着气流从高处下沉，温度越

北回归线

△ 北回归线附近的沙漠和绿洲景观示意图

来越高，水汽也就越来越不易凝结，因此多晴朗天气。这也就形成了从北非到西亚几乎连片的沙漠地带。

我国背靠世界上最大的大陆——亚欧大陆，东临世界上最大的大洋——太平洋，由于海陆热力差异显著，因而形成了典型的亚热带、热带季风气候，雨热同期。

东部季风区的海拔多低于 1000 米，平原多且面积广阔。本区受季风影响显著，大部分地区年降水量大于 400 毫米，降水季节变化明显。该区域河流均为外流河，长江、黄河等大河在这里入海，大气降水为地表水的主要补给来源。植被以森林为主，土壤多为森林土，生物种类繁多。

西北干旱、半干旱区的海拔较高，地势高差显著。高原、山地、盆地交错分布。本区主要位于内陆，距海遥远，气候干燥，年降水量多小于 400 毫米。河流大部分属于内流河，流程短，水量少，以冰雪融水为主要补给水源。地表主要为荒漠，部分为草原、荒漠草原。土壤中有机质少，生物种类少。

青藏高寒区的平均海拔高于 4000 米，主要为山地、高原，多

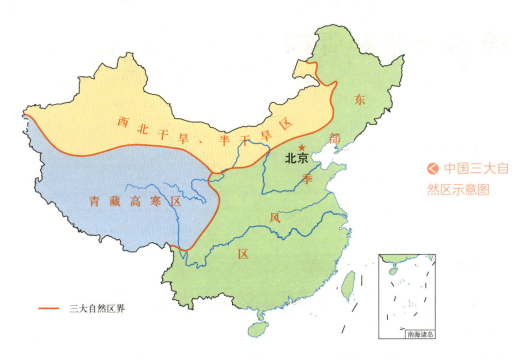

◀ 中国三大自然区示意图

—— 三大自然区界

南海诸岛

7000～8000 米的高山。本区海拔高，空气稀薄，气温低，冻土分布面积广，太阳辐射强，风力大。本区为大江、大河发源地，多湖泊、冰川。地表主要为荒漠、草原、高山草甸灌丛，南部河谷有森林分布。土壤发育差，土层薄。

14 酥油茶和青稞

终年与高寒的雪山为伴，
飘香的酥油茶与青稞酒，
为藏族人民驱寒保暖。

⊕ 高寒牧区喝酥油茶

有人说不吃烤鸭，不算来过北京；不吃牛肉面，不算来过兰州；不吃火锅，不算来过重庆。那要喝什么才算来过青藏高原呢？大多数人会告诉你——酥油茶。

︽ 酥油茶

要说酥油茶，首先需要知道什么是酥油。酥油其实就是一种黄油，是从青藏高原上的牛、羊奶中提炼出来的。酥油又被誉为"高原奶黄金"，因为好的酥油表面一般呈黄色，冷凝成块后像黄金一样。它是高寒牧场的特有产物。

青藏高原上的青海牧区和西藏牧区是我国的四大牧区中的两个。青海牧区和西藏牧区都属于高寒牧区，独特的高寒气候使得这里有耐寒、耐旱的高山草甸。

⚠ 牦牛毛长皮厚、身矮体健，善走陡坡险路、雪山沼泽，耐低压，同时还能耐严寒，素有"高原之舟"之称。

同样，这里也有耐寒、耐旱、耐饥的牲畜。青藏高原高寒牧场上的牲畜多为牦牛、藏绵羊和藏山羊等。这些牲畜产的牛奶和羊奶就是酥油的原料。

酥油茶是由酥油、茶和盐混合加热而成的。对于很多藏族人来说，"宁可三日无食，不可一日无茶"。因为在青藏高原上，气候寒冷，难以种植果蔬，所以人们主要以牛、羊肉和奶等为主要食物。但是这些食物缺少果蔬里面的维生素等物质，而茶叶富含维生素、单宁酸和茶碱等，可以很好地弥补藏族人们饮食结构中缺少的营养物质。

酥油在藏族人们的生活中用途非常多，除了制作酥油茶，还可以制作酥油灯，或者混合各色颜料制成油塑艺术品——酥油花等。此外，藏族人们还会用青稞面混合酥油捏制出糌粑。

 酥油花作品　　　　　　　　　　△ 高原上的青稞

✛ 河谷农业种青稞

　　青稞是大麦的一种，其性耐寒、耐旱、耐贫瘠，生长期短，且易栽培，因此非常适合在青藏高原生长。青稞因其籽粒裸露，又称裸大麦。早在三千多年前，青稞就被藏族人们培育成可以种植的品种。

　　青藏高原上并不是所有的地方都能够种植青稞。在平均海拔超过4000米的青藏高原，由于热量不足而难以满足青稞的生长条件，只有在那些海拔比较低的河谷地区，如雅鲁藏布江谷地和湟水谷地，才有相对充足的热量。独特的高寒气候，决定了青藏高原的种植业只能在海拔低、水源充足、地形平坦和土壤肥沃的河谷地带发展。这就形成了青藏高原上独特的"河谷农业"。农田多隐藏在群山环绕的河谷中，沿着河流两岸呈条带状分布。葱绿的青稞、金色的油菜花、皑皑的雪峰与奔腾的河流，共同构成了青藏高原河谷农业绝美的风景。

　　藏族人们将青稞谷粒炒熟，磨成粉后制作成"糌粑"。这是藏族人们的主食，与北方的炒面类似。此外，青稞还可以用来酿造青稞酒。好客的藏族人们最喜欢用自家酿造的青稞酒招待客人，青稞酒是藏族人们热情好客的体现，也是高原文化的一面镜子。

专题4
雪山与冰川

✛ 雪山——大自然的杰作

　　剧烈的地壳运动造就了青藏高原，伴随着青藏高原隆起的是一座座高耸入云的雪山。这些雪山雄伟壮观，绵延千里，俯瞰大地人间。雪山是终年积雪的山峰，是大自然的杰作。

🔺 梅里雪山位于横断山脉中段，平均海拔在 6000 米以上的山峰有 13 座，它们被称为"太子十三峰"。梅里雪山的主峰卡瓦格博峰海拔高达 6740 米，是云南省最高的山峰。

△ 冈仁波齐峰是冈底斯山的主峰，海拔 6656 米，其形似金字塔，四壁对称。在阳光照耀下终年积雪的峰顶闪耀着耀眼的光芒，配上其独特的山形，让人不得不充满虔诚与惊叹。

△ 贡嘎山是四川省的最高峰，享有"蜀山之王"的称号。

在藏族人们看来，雪山是神灵的居所。因此，他们敬仰雪山，崇拜雪山，世世代代守护着雪山，雪山也同时护佑着他们。

⊕ 性格各异的冰川

青藏高原上的冰川面积约 5 万平方千米。这里有千姿百态的冰川景观，如冰蘑菇、冰桌、冰井和冰崖，其中以冰塔林最为奇特。

冰川如同人一样有不同的性格，有的"稳重"，有的"活泼"。如中国最大的音苏盖提冰川，位于乔戈里峰西侧北坡，长约 42 千米。它的性格就特别"稳重"，表现为温度低，消融慢，运动速度慢。

🔺 冰塔林景观

与之相反的是"活泼"型冰川，其特点就是运动速度快，活动性强，侵蚀和搬运作用能力强。比较典型的是被誉为"中国最美的六大冰川"之一的米堆冰川。

▲ 米堆冰川

为什么有些冰川"稳重"，有些冰川"活泼"呢？这和它们的形成原因有很大关系。我国境内的"稳重"型冰川通常分布在青藏高原内部气候较为稳定的地区，被称为"大陆性冰川"。因为气候较为干旱，每年新增冰量少，所以相对稳定。而受到来自印度洋上的湿润西南季风的影响，在青藏高原南部的冰川，由于地处山脉迎风坡，降水多，冰川雪线附近气温变化大，冰川的生成和消融变化大，因此活动性也强。这就是"活泼"型冰川，也被称为"海洋性冰川"。海螺沟冰川是中国境内典型的海洋性冰川，也是贡嘎山最长的冰川。该冰川最高点海拔大约为 6750 米，而其下端的海拔仅为 2850 米，冰川前端的冰舌伸入原始森林大约 6000 米，形成了神奇的"绿海银川"景观。

∧ 海螺沟冰川

拓展阅读

中国冰川之父——施雅风

　　施雅风 1919 年出生于江苏省南通市海门区的一个普通农民家庭。1937年，他考入浙江大学，1942 年毕业于浙江大学史地系。1944 年获浙江大学研究院硕士学位。大学时期，他就在导师叶良辅教授的支持下花了三个月实地调查研究，写出了《遵义附近之地形》的毕业论文，并在当时著名的刊物《地质论评》上发表。

　　施雅风是中国冰川考察的开拓者。1958 年，施雅风主持建立我国第一支高山冰雪利用考察队，带队考察了青藏高原多处冰川和冻土。他组织完成的中华人民共和国第一部较为完整的冰川考察报告——《祁连山现代冰川考察报告》，填补了我国冰川研究的空白。

西藏自治区

⑮ 珠穆朗玛峰：世界第三极

在攀登者的眼中，你是第三极——地球之巅；

在高程测量师的计算公式里，

你是个身高难测量的"女神"。

珠穆朗玛峰是如何变成世界第一高峰的呢？珠穆朗玛峰到底有多高？未来它还会长高吗？攀登珠穆朗玛峰有多困难？带着这些问题，我们一起来揭开珠穆朗玛峰的神秘面纱。

⊕ 从海洋到高山——珠峰成长记

珠穆朗玛峰是世界第一高峰，有"世界第三极"之誉。而现在的世界第一高峰，曾经却是一片汪洋大海，这有化石为证。

在攀登珠穆朗玛峰的路上经常可以发现很多岩石上印着稀奇古怪的图案。这些印着稀奇古怪图案的岩石是远古时期海洋生物的化石。这也证明了珠穆朗玛峰一带原来是一片海洋。

很久以前，喜马拉雅山脉一带曾是一片汪洋大海，这片海的名字被地质学家们命名为新特提斯海，它和现在的地中海是连在一起的。后来由于印度洋板块与亚欧板块发生碰撞挤压，海洋就消失了。

⊕ 珠穆朗玛峰到底有多高？

珠穆朗玛峰到底有多高呢？各国关于珠穆朗玛峰的高度有不同的说法，甚至我国在不同时期也有不同说法。这是为什么呢？是珠穆朗

玛峰的海拔随时在变化，还是测量珠穆朗玛峰太困难？

　　1975 年，中国登山队测定珠穆朗玛峰的高程是 8848.13 米。2005 年，我国测出的珠穆朗玛峰岩面高程为 8844.43 米。2020 年12 月 8 日，国家主席习近平同尼泊尔总统班达里共同宣布，珠穆朗玛峰最新雪面高程为 8848.86 米。细心的你可能发现了两个说法：岩面高程和雪面高程。这两者的差别在哪里呢？其实，在峰顶上除了有岩石，还有一层厚厚的冰雪覆盖层。这相当于给一个人测身高，雪面高程就是戴了帽子的高度，岩面高程就是脱了帽子的高度。

　　其次，珠穆朗玛峰峰顶的冰雪厚度也会随着气温的变化而变化。另外，从 1975—2020 年间，珠穆朗玛峰地区的地壳运动一直没有停止。地壳运动虽然很缓慢，但是也会引起珠穆朗玛峰高度的变化。最后，由于各国基准参考面的选择不同，珠穆朗玛峰的测量数据也会有所差异。

⊕ 为什么要攀登珠穆朗玛峰？

世界上有很多登山爱好者，他们都以登顶珠穆朗玛峰为荣。实际上攀登珠穆朗玛峰是一件十分危险的事情。那为什么还有那么多人争先恐后地要去呢？对于登山爱好者来说，登山不仅仅是一项运动，更是面对自己、挑战自己的过程。

据统计，迄今为止在攀登珠穆朗玛峰时遇难的已经将近 300 人。即使有现代化的各种装备，面对不确定的天气、看不见的冰隙裂缝和随时可能发生的雪崩，要想成功登顶珠穆朗玛峰依然是非常困难的。

▲ 攀登珠穆朗玛峰的登山爱好者

现在，随着科技发展和各种商业化的运作，普通人攀登珠穆朗玛峰不再是一个遥不可及的梦想。每年有近 10 万名游客涌向珠穆朗玛峰的大本营，这直接导致了大量的垃圾被留在大本营附近。因此，我国和尼泊尔政府都做了很多保护工作，如派遣当地人和志愿者进山收集垃圾等。

珠穆朗玛峰国家级自然保护区
Qomolangma National Nature Reserve

⬆ 珠穆朗玛峰国家级自然保护区

16 "日光城" 拉萨

很多人心中的朝圣之地，
每个人梦想旅行的地方。
在这座城市，烙着一人和一宫的印记，
流传着两位公主和两座寺庙的故事。

拉萨，雪域高原上的圣城。那么，拉萨城是什么时候建立起来的？为什么去西藏必去拉萨？拉萨到底有哪些独特的魔力？让我们一同来揭开它的神秘面纱吧！

⊕ 一人、一城和一宫

拉萨是西藏自治区的首府，也是藏传佛教的圣地。

拉萨有着悠久的历史。1300 多年前，松赞干布统一了整个西藏地区，建立了强大的吐蕃王朝。

唐太宗贞观七年（633 年），为了巩固王权和促进经济发展，松赞干布将都城从雅鲁藏布江南岸迁到拉萨。迁都拉萨后，松赞干布决定在拉萨最高处的红山上营建一座宫殿——布达拉宫。

布达拉宫主体建筑由"红宫"和"白宫"两大部分组成，两边为"白宫"，中央为"红宫"。布达拉宫历经多次损毁后又多次修复扩建，目前占地面积为 40 万平方米，建筑面积达 13 万平方米，是集宫殿、城堡和寺院于一体的宏伟建筑。宫殿墙基宽而坚固，下面有四通八达的地道和通风口。整座宫殿的柱子和房梁上有各种精美的雕刻，墙壁

△ 布达拉宫

上绘有大量富有特色的壁画，充分体现了藏式建筑的独特风格。

⊕ 两位公主和两座寺庙

七世纪中期，松赞干布建立吐蕃王朝后，迎娶了当时位于吐蕃南部的泥婆罗（今尼泊尔）的尺尊公主。唐太宗贞观十五年（641年），松赞干布与文成公主联姻。文成公主进藏时携带了大量的建筑、医疗等方面的书籍，各种蔬菜和谷物的种子以及多位能工巧匠。这些先进的技术和多元的文化也随之传入西藏，如藏族人们学会用水磨碾磨青稞、纺织等。

在距离布达拉宫不远处有两座寺庙——大昭寺和小昭寺。大昭寺建于七世纪，主殿高四层，上覆金顶，宏伟壮丽。两侧配殿供有松赞

西藏自治区

干布和文成公主、尺尊公主等人的塑像。而小昭寺则由文成公主主持创建。小昭寺坐西向东，殿高三层，上建金顶。小昭寺融合了汉、藏建筑风格，殿内文物众多，供有尺尊公主带来的不动金刚佛像（释迦牟尼八岁时等身镀金像）。

除了大昭寺和小昭寺外，拉萨还有三大寺庙，分别为色拉寺、哲蚌寺和甘丹寺。

⊕ 一个美称：日光城

拉萨光照充足，全年日照时间达 3000 小时，是同纬度成都的两倍多，因此被称为"日光城"。为什么拉萨的晴天多，日照时间长呢？

第一，拉萨地处喜马拉雅山脉北侧，受下沉气流的影响，全年多晴天，降水较少。第二，拉萨纬度较低，太阳辐射强。第三，地处青藏高原的拉萨，海拔高，空气稀薄，空气中水汽含量少、含尘量小，大气透明度高，因此拉萨的日照时间长。

其实拉萨也不是完全不下雨的，拉萨的雨大多是下在夜里，而且集中在夏季。所以，来拉萨吧，来感受"日光城"的温暖。

⑰ 青藏铁路：神奇的天路

那是一条神奇的天路，

把人间的温暖送到边疆。

从此山不再高，路不再漫长，

各族儿女欢聚一堂……

——节选自歌曲《天路》

一首《天路》将青藏铁路给藏族儿女带来的喜悦之情表现得淋漓尽致。为什么要将青藏铁路称为"天路"呢？我国早在 1957 年就开始勘测修筑青藏铁路了，为什么直到 2006 年才竣工呢？接下来，我们一同来回顾这条"天路"的修建过程以及它所带来的改变。

✛ 科技之路

青藏铁路为什么被称为"天路"？它真的能带人上天吗？答案当然是否定的。作为中国新世纪四大工程之一，同时也是世界上海拔最高、路程最长的高原铁路，青藏铁路总长 1956 千米，其翻越唐古拉山口时海拔达 5072 米。所以，青藏铁路是一条名副其实的"天路"。

青藏铁路分两期建成。一期工程东起西宁市，西至格尔木市，于 1958 年开工建设，1984 年建成通车。而二期工程东起格尔木市，西至拉萨市，此段直到 2001 年才开始建设。这是因为在高海拔地区修建这条铁路时面临了三大世界级难题：多年冻土、高寒缺氧和环境保护。这些问题早在青藏铁路一期建设的时候就存在，尤其是高寒缺氧问题。

　　汲取青藏铁路一期工程的经验，青藏铁路二期工程建立健全了三级医疗保障机构，帮助建设工人们战胜了高寒缺氧的困难，保障了铁路建设者的生命健康。同时也解决了其他种种难题，最终实现了顺利通车。

⊕ 环保之路

　　青藏铁路需要穿过可可西里、三江源等国家级自然保护区，沿线的高寒生态环境十分脆弱。为尽量减少对生态环境的破坏，保障野生动物的栖息和迁徙，青藏铁路从设计、施工建设到运营维护全环节都十分重视生态环保。

　　很多看到过青藏铁路的人都有一种感觉，那就是桥特别多。很多没河没谷的地方都架起了高高的桥梁。其实这些桥梁就是高原动物们的生命通道。青藏高原上有很多野生动物，如国家一级保护动物藏野

⚠️ 高原上的高架桥，桥下为野生动物迁徙通道。

驴、白唇鹿和马鹿等，还有被称为"可可西里的骄傲"的藏羚羊。为保障这些野生动物的顺利迁徙，科研人员和志愿者们通过长期观察，考虑不同动物的迁徙习性，建立了三种不同类型的通道：桥梁下方通道、隧道上方通道、缓坡平交通道。青藏铁路全线共建立了30多个野生动物专用通道。

　　为了尽可能不横穿国家级自然保护区，青藏铁路设计者在设计线路时甚至改道绕行。为了保护沿线景观，青藏铁路实施列车全程封闭运行，禁止抛扔垃圾，一切废弃物都被收集在车内，实现了"污物零排放"。正是这些独具特色的环保设计和运营理念，让青藏铁路成为一条"环保铁路"。

⊕ 致富之路

　　西藏自治区地处中国西南部，海拔高，风景美，地热、太阳能和矿产等资源十分丰富。以前，西藏自治区的人们通过茶马古道等崎岖山路走出青藏高原。后来，国家先后修建了川藏、滇藏和青藏等公路，但是公路运输效率低，路途危险，西藏自治区与国内其他地区的沟通仍然困难，因此经济发展相对滞后。

青藏铁路的修建不仅缩短了运输时间，而且大大提升了运输旅客和货物的数量。其顺利通车以来，有力地促进了西藏自治区的经济发展，加强了西藏自治区与其他地区的沟通联系，同时促进了其各类资源的开发，有利于发挥其资源优势，帮助当地的人们脱贫致富。

青海省

18 聚宝盆：柴达木盆地

这里是地球上最像火星的地方，

这里有上帝打翻的调色盘，

这里还有一个"聚宝盆"。

柴达木盆地是怎么形成的？为什么人们称柴达木盆地为"聚宝盆"？这些问题的答案就藏在本节内容中。

⊕ 伍氏献文鱼的故事

柴达木盆地位于青藏高原的东北部，四周被阿尔金山脉、祁连山脉和昆仑山脉等环绕。

关于它的形成，还得从一组鱼骨化石说起。2005 年左右，科学家在柴达木盆地发现了许多奇特的鱼骨化石。这些鱼骨化石不像寻常鱼骨那么纤细，而是骨骼特别粗大。但是这种骨骼又与其体型完全不成比例。后来科学家将其命名为伍氏献文鱼，并找到造成其骨骼特别粗大的原因。

这些鱼原本生活在印度洋板块和亚欧板块之间广阔的水域中，后来随着青藏高原隆起，柴达木盆地四周山脉抬升，这里就形成了柴达木湖，伍氏献文鱼就生活在这湖里。随着青藏高原的进一步抬升，不断隆起的高山阻挡了来自印度洋的水汽，柴达木盆地的气候也逐渐变得干旱。随着湖水盐度的增加，水中的碳酸钙和硫酸钙浓度也越来越高，很多鱼类因为适应不了高盐、高钙的水域而渐渐消亡，最后只有

▲ 柴达木盆地

伍氏献文鱼还顽强地生活在这湖水中。在高钙的环境中，随着时间的推移，它们身体内的骨骼不断增生，甚至连长肌肉的地方都很少了。后来气候继续变得干旱，湖泊进一步萎缩乃至消失。伍氏献文鱼难以适应，最终沉积为鱼骨化石。伍氏献文鱼记录着柴达木盆地的"成长"历史，让后人知晓了柴达木盆地是如何一步步演变来的。

⊕ "火星营地"

火星表面是什么样的呢？1976 年，美国海盗 1 号火星探测器拍摄的照片表明火星表面一片荒芜，碎石满地，红色灰尘漫天飞舞。这样的地方在柴达木盆地也有。这就是位于茫崖市冷湖镇的"火星营地"——俄博梁雅丹地貌群。由于其地貌景观和地球上绝大多数地区

△ 火星图片

△ "火星营地"——俄博梁雅丹地貌群

截然不同，因此被称为"地球上最不像地球的地方"。由于当地岩石富含铁，所以岩石多为红色。而这种红色岩石经风化、风蚀形成了与众不同的雅丹地貌，与火星地表十分相似。因此，很多人慕名前来，为此当地还专门修建了"火星营地"。

⊕ 货真价实的聚宝盆

"柴达木"在蒙古语中的意思是"盐泽"。可想而知，这里最不缺的就是盐了。不过这里的盐大多富集在盐湖里。据统计，在柴达木盆地内有许多个大大小小的盐湖，其中已探明钠盐储量超过 3216.17 亿吨。

这里还可以用盐来修路建桥。在柴达木盆地核心区的察尔汗盐湖就有一座非常有名的"万丈盐桥"。该桥实际上是一条用盐铺成的公路，全长 32 千米，横跨整个察尔汗盐湖。令人惊奇的是，整座桥没有桥墩和护栏，完全悬浮在盐湖的卤水上。不要以为这座桥只是一座景观桥，其实它非常坚硬，据测算每平方米可承重达 600 吨。这种强度不仅可以让汽车自由行驶，火车在上面行驶也没有问题，甚至可以让飞机在盐桥上自由起降。更有趣的是，这座桥的坑洼路面修补也很特别，只需要从

^ 万丈盐桥

旁边湖面上挖来一块盐，填盖在坑上，然后再浇上盐湖的卤水就好了。经过南来北往的汽车一压，路面很快就平整坚硬了。

除了我们日常食用的食盐（氯化钠）外，这里还有农业生产不可或缺的肥料——氯化钾，目前这里已探明钾盐储量占中国总储量的 97%。

柴达木盆地不仅有大量的盐，还有丰富的矿产资源。这里蕴藏着丰富的石油和天然气资源。此外，柴达木盆地还蕴藏有丰富的煤炭、铅、锌、石墨和铀等。这里是货真价实的"聚宝盆"。

⑲ 高原湿地：三江源

亿万年的流动从这里开始，

长江、黄河、澜沧江均发源于这片广阔的区域，

这里是众多珍稀动物的乐园，这里是我国第一个国家公园。

这里就是高原湿地——三江源。

为什么这里被称为"中华水塔"？这里的水是从哪儿来的？为什么三江源国家公园能够成为我国第一个国家公园？接下来我们就一起来揭开这些谜底吧。

⊕ "中华水塔"

在青藏高原腹地，有一块区域是长江、黄河和澜沧江三大江河的共同发源地。于是，人们便把这块区域称为三江源。三江源位于青海省南部，与西藏自治区和四川省相邻。

为什么三江源地区被称为"中华水塔"呢？在亿万年的青藏高原隆起的过程中，三江源地区经历了漫长的地质变化，这里不仅有高耸的雪山、冰川，还有森林、草地和广袤的湿地。这些冰川、雪山共同为大江大河提供了丰富的水源。据统计，25% 的长江水、49% 的黄河水、15% 的澜沧江水都来自三江源地区，因此，三江源是当之无愧的"中华水塔"。

三江源地区的湿地包括河流、沼泽和湖泊等，是世界上海拔最高、面积最大、分布最集中的高原湿地。这里有大小河流 180 多条，大小

 三江源湿地

湖泊 1800 多个，沼泽面积约 1.43 万平方千米，雪山、冰川约 2400 平方千米。

知识窗

什么是湿地？

　　湿地是濒临江、河、湖、海或位于内陆，并长期受水浸泡的洼地、沼泽和滩涂的统称。湿地一般因地势低平、排水不良或受海洋潮汐涨落影响而形成。其地下水埋深浅，为水生动植物栖息、繁衍、生长和候鸟越冬的场所，具有调节气候、涵养水源、滞洪蓄洪、降解污染物质、维持生物多样性和保护环境等功能，与森林和海洋并列为全球三大生态系统。中国湿地主要分布在苏北沿海、东北三江平原、青藏高原和内陆盆地等。

⊕ 我国第一个国家公园

2021年，国务院批复同意设立三江源国家公园，三江源国家公园被列入我国第一批国家公园名单。那究竟什么是国家公园？它与国家级自然保护区有什么区别？为什么我国第一个国家公园是三江源国家公园呢？

国家公园是由国家批准设立并主导管理的，以保护具有国家代表性的大面积自然生态系统为主要目的，实现自然资源科学保护和合理利用的边界清晰的陆地或海洋区域。它与严格的自然保护区不同，可以开放部分区域进行适度开发；也与一般的旅游景区不同，它的设立主要是为了区域生态环境保护和科学研究。

▲ 冬给措纳湖

三江源国家公园能够成为我国第一个国家公园，这背后有其特殊的原因。首先，保护三江源地区的生态环境，就是保护好长江、黄河和澜沧江的水源地。其次，三江源地区是世界上高原生物多样性最集中的地区之一，素有"高寒生物种质资源库"之称。这里有100多种动物，如藏羚羊、藏狐、野牦牛和藏野驴等，被称为"高原上的野生动物王国"。最后，近几十年，由于全球气候变暖、人为的乱砍滥伐、无序采矿和过度放牧等原因，三江源地区生态环境已经恶化，冰川、雪山萎缩，众多湖泊、沼泽、河流干涸，土壤沙化和水土流失面积不断扩大。这一切都需要我们采取行动，积极保护好这一方净土。

　　三江源国家公园是中国第一个国家公园体制试点。保护好三江源，维护良好的生态环境，对我国生态安全、民族永续发展具有重要的意义。现在，我们正在行动，相信未来的三江源会更美好。

🔺 藏野驴

青海省

⑳ 青海湖

传说中，它是龙王的西海，

它是二郎神杨戬无意开启的神泉……

它是高原上那么亮丽的一抹蓝，

它就是中国最大的湖泊、候鸟的天堂——青海湖！

我国最大的淡水湖是鄱阳湖，最大的湖泊则是青海湖。关于青海湖的形成有哪些美丽的传说？为什么这里会成为候鸟的天堂？下面我们就一同来遨游青海湖吧。

✛ 富有传说的湖泊

青海湖在不同的民族语言中有不同的称呼。藏语称其为"措温布"，蒙古语则称其为"库库诺尔"，意思都是"青色的海"。为什么蒙古语和藏语都把青海湖称为海呢？一方面，青海湖的湖面非常宽广，有 4635 平方千米，是中国最大的内陆湖泊。从空中俯瞰，青海湖东西略长，呈椭圆形，犹如一面大自然赐予青藏高原的巨大宝镜。另一方面，青海湖中的水有一股淡淡的咸味，这使得它像大海。

关于青海湖的形成还有许多美丽的传说。第一个传说是海龙王有四个儿子，分别是敖广、敖闰、敖钦和敖顺。老龙王让这四个儿子代表自己各守东西南北一方的大海。北海是现在的鄂霍次克海，东海和南海大家都知道，唯独向西却找不到海。那怎么办呢？于是相传，老龙王在西部把周边的 108 条河流都汇聚起来形成了西海，也就是现在

^ 青海湖

的青海湖。

　　第二个传说和二郎神有关。青海湖原是一眼神泉。相传当年二郎神杨戬与孙悟空大战三百回合后，来到这泉边休息做饭吃，他找来三块石头，支了一口锅来烧水，取水后他忘了盖泉盖，泉水不断喷涌而出，很快就形成了一片汪洋。这时二郎神才刚把盐撒进锅里，情急之下，他随手抓起了一座山压在神泉上。这山便是现在湖中的海心山，而支锅烧水的三块石头便是现在湖中的三座小岛，撒入锅中的盐也使得湖水变咸了。

⊕ 美丽的湖

　　青海湖是美丽的湖泊，是大自然给予青藏高原的馈赠。春夏之季，青海湖的蓝色水面倒映着周围的群山，碧波荡漾，好一片湖光山色；到了夏季，湖岸成片的油菜花竞相开放，金黄色的油菜花使大地犹如黄金漫地，清香四溢；冬季，四周群山银装素裹，湖面冰封玉砌。

△ 青海湖鸟岛

　　在这里，你可以将湖泊的辽阔和草原的苍茫尽收眼底；在这里，你可以观赏鸟岛上千万只候鸟筑巢和展翅高飞；在这里，你可以边哼唱歌曲边欣赏金银滩草原的美景……